Arena-Taschenbuch
Band 50237

Weitere Tierkinder-Abenteuer bei Arena:

Wie leben die kleinen Waldameisen?
Wie kleine Igel groß werden
So leben die kleinen Eichhörnchen
Die kleine Meise und ihre Freunde
Der kleine Frosch und seine Freunde
Der kleine Biber und die Tiere am Fluss
Der kleine Maulwurf und die Tiere unter der Erde

Dieser Sammelband enthält die Titel:

Der kleine Fuchs und die Tiere im Wald
Der kleine Marienkäfer und die Tiere auf der Wiese
Wie lebt die kleine Honigbiene?

2. Auflage als Sammelband im Arena-Taschenbuchprogramm 2012
© dieser Ausgabe 2012 Arena Verlag GmbH, Würzburg
Der kleine Fuchs und die Tiere im Wald © Arena Verlag GmbH, Würzburg 2010
Der kleine Marienkäfer und die Tiere auf der Wiese © Arena Verlag GmbH, Würzburg 2009
Wie lebt die kleine Honigbiene? © Arena Verlag GmbH, Würzburg 2009
Alle Rechte vorbehalten.
Text: Friederun Reichenstetter
Einband und Illustrationen: Hans-Günther Döring
Umschlagtypografie: knaus. büro für konzeptionelle und visuelle identitäten, Würzburg
Gesamtherstellung: Westermann Druck Zwickau GmbH
ISSN 0518-4002
ISBN 978-3-401-50237-3

www.arena-verlag.de

Der kleine Fuchs und seine Freunde

und andere Tierkinder-Abenteuer

Die schönsten Sachgeschichten für das ganze Jahr

Erzählt von Friederun Reichenstetter
Mit Bildern von Hans-Günther Döring

Arena

Der kleine Fuchs und die Tiere im Wald

Die Fuchskinder sind geboren

Draußen pfeift ein kalter Wind. Wo bleibt nur der Frühling? Zum Glück ist es im Fuchsbau tief unter der Erde schön warm und gemütlich.
Vier neugeborene winzige Füchse kuscheln sich an die Mutter. Gerade mal einen Tag sind sie alt. Noch können sie nichts sehen, aber ein wolliges Fell haben sie. Und saugen können sie auch. Und wie! Eifrig trinken sie Milch bei der Mutter.

Und wo ist Papa Fuchs?
Der jagt im Wald nach Beute.
Schließlich braucht die Füchsin auch etwas zu fressen.
Ungern lässt sie ihre Kinder allein.

Warum denn?
Weil sie noch sehr klein und hilflos sind.
Und weil sie immer Hunger haben.
Also besorgt Papa Fuchs das Futter für die Füchsin
und passt auf, dass sich keine Feinde
an den Fuchsbau heranschleichen.

Welche Fuchsarten gibt es?

den Rotfuchs

den Graufuchs

den Wüstenfuchs

den Polarfuchs

7

Die Kleinen werden größer

Nun sind die kleinen Füchse drei Wochen alt. Sie haben ihr wolliges Fell verloren und es wächst ihnen ein richtig schöner rostroter Pelz.
Auch die Augen machen sie schon auf und schauen sich neugierig um.

Wer spitzt da aus dem Bau heraus?
Ein kleiner frecher Fuchs.
Dieser Kleine ist besonders neugierig.
Seine Schnauze ist ein bisschen länger
und ein bisschen heller als die seiner
Geschwister. Seine Schwanzspitze ist dunkel.
So erkennst du ihn.

Jetzt will er spazieren gehen.
Darf er das?
Aber nein! Hiergeblieben!
Mama packt ihn zart mit ihrer Schnauze.
Das reicht für heute. Nun gibt es noch Milch
und dann ist Schlafenszeit. Gute Nacht!

Was ist das Besondere am Rotfuchs?

Er hat eine weiße Schnauze, eine weiße Brust und eine weiße Schwanzspitze.

Er hat einen buschigen langen Schwanz und ein dichtes Fell.

Er kann sein Maul weit aufreißen, um die Beute schnell greifen zu können. Die Krallen an den Pfoten sind für das Greifen nicht so geeignet.

Zeit zum Spielen und Toben

Vor dem Fuchsbau tollen die kleinen Füchse umher.
Draußen gefällt es ihnen jetzt viel besser. Was gibt es da nicht alles zu sehen,
zu beschnuppern und zu zerbeißen. Wozu hat man schließlich Zähne.
An allem kann man knabbern: an Eicheln, alten Knochen, Holzstöcken.
Aber auch an der Beute, die Papa Fuchs anschleppt. Lecker!

Alles ist neu und interessant.
Der kleine Fuchs mit der dunklen Schwanzspitze
ist wieder besonders neugierig.
Und stark ist er auch.
Wenn er mit den Geschwistern Fangen spielt
oder rauft, gewinnt er immer.
Ärgern sich die anderen darüber?
Nein, sie gewöhnen sich daran,
dass er der stärkste ist.

Aber trotzdem darf er sich nicht alles erlauben.
Schon gar nicht einfach weglaufen.
Die Füchsin passt gut auf ihre Jungen auf.
Wird es gefährlich, bellt sie – und schon
flitzen die Kinder in den Bau.

Was ist für Füchse gefährlich?

Greifvögel

Hunde

Jäger

Autos

Welche Tiere trifft der Fuchs im Wald?

Hirsche

Rehe

Wildschweine

Dachse

Eulen

Kleiner Fuchs, was nun?

Es ist früh am Morgen und noch gar nicht richtig hell. Endlich ist der Frühling gekommen. Die Vögel zwitschern schon am frühen Morgen. Davon ist der kleine Fuchs aufgewacht. Die Geschwister schlafen noch. Auch die Mutter schläft.

Leise, ganz leise schleicht sich der kleine Fuchs aus dem Bau. Aufregend ist es da draußen! Wie sich die Blätter im Wind bewegen. Ein Kaninchen kommt angesprungen. Ein Satz! Weg ist es. Papa und Mama können das Jagen einfach viel besser.

Huch, was steht denn da?
Ein riesiges Tier
mit spitzem Geweih.

Und dann ertönt auch noch
ein unheimliches Kreischen. Gefahr von allen Seiten!
Hilfe, wo geht es nach Hause? Hört mich niemand?
Doch, die Mutter!
Wie Musik klingt ihr Bellen. Da kommt sie schon. Schnell scheucht sie
den Kleinen zurück in den Bau. Glück gehabt! Der Raubvogel fliegt davon.
Er hat sich umsonst auf eine gute Mahlzeit gefreut.

Der kleine Fuchs zieht in die Welt

Die kleinen Füchse sind weiter gewachsen. Jetzt sind sie schon groß, fast so groß wie ihre Eltern. In den letzten Wochen waren sie kaum mehr im Fuchsbau, sondern haben lieber in einem Kornfeld am Waldrand herumgestöbert.

Sie haben schon alles gelernt: Sie wissen, wie man jagt, was man fressen kann, wie man Feinde erkennt und ihnen aus dem Weg geht. Oder wie man kämpft, wenn es sein muss.

Gehen die Jungen jetzt eigene Wege?
Genau das haben sie vor.

Nur das Fuchsmädchen bleibt noch bei der Mutter.
Ein Bruder macht sich auf in die große Stadt,
ein anderer bleibt in der Nähe.
Er quartiert sich in einem Dachsbau ein.
Der Dachsbau hat mehrere Etagen
und viele Wohnhöhlen.
Dachs und Fuchs vertragen sich gut.

Und wohin geht der kleine Fuchs?
Er weiß es noch nicht.
Er will sich erst einmal umsehen.
Wozu ist er denn schnell und stark?
Alles wird ihm gelingen.

Warum bleiben die Fuchsmädchen zu Hause?

Junge Füchsinnen – Fähen – bleiben häufig längere Zeit zu Hause und helfen als Tanten Mutter Fuchs bei der Erziehung des nächsten Wurfs.

Die meisten jungen Füchse bleiben in der Nähe des elterlichen Baus.
So schützen sie das Gebiet vor Eindringlingen.

Lieber eine Maus als keine Maus

Was für ein schöner Sonnentag! Überall gibt es reife Beeren. Gleich mal probieren. Autsch! Die Hecken sind aber stachlig. Macht nichts. Das nächste Mal passiert das nicht mehr. Eine unvorsichtige Maus hat der kleine Fuchs auch erwischt.

Zu gern hätte er noch ein paar Mäuse mehr verspeist. Aber eine Maus ist besser als keine Maus.

Und wo wohnt der kleine Fuchs nun?
Darüber denkt er gerade nach.
Einen Dachsbau, wie sein Bruder ihn gefunden hat, entdeckt er nicht. Auch keine gemütliche Felsspalte als vorläufige Wohnung.
Da heißt es graben, graben, graben.

Ganz schön viel Arbeit, so ein Fuchsbau!
Denn Schaufelpfoten wie der Maulwurf oder so kräftige Krallen wie der Dachs hat der Fuchs nicht.
Darum darf die Erde auch nicht zu hart sein.

Findet der kleine Fuchs eine passende Stelle?
Ja klar! Ein sandiges Plätzchen
unter einer Fichte an einem sonnigen Hang.
Hier will er bleiben.

Was fressen Füchse?

Bis zu 20 Mäuse pro Tag,

Ratten,

Kaninchen und Hasen,

Enten und Hühner,

Käfer, Regenwürmer und Frösche.
Aber auch Beeren und Obst.

Endlich ein Zuhause

Der Fuchsbau ist fast fertig. Zumindest der Hauptgang. Natürlich gibt es schon eine gemütliche Wohnhöhle, in der sich der kleine Fuchs zusammenrollen und schlafen kann. Auch ein Fluchtausgang ist fertig. Nach und nach wird der Fuchs noch mehrere davon anlegen. Für alle Fälle.
Wozu braucht er die denn?
Um Feinden zu entkommen.
Zum Beispiel den Jagdhunden.
Schlüpft ein Feind durch einen Gang herein, flitzt der Fuchs durch einen anderen hinaus.

Langsam wird es Abend. Die beste Zeit für die Jagd.
Schließlich sehen Füchse nachts hervorragend.
Also auf zum kleinen Waldsee!
Vielleicht sitzt dort ja eine fette Ente.
Tatsächlich! Ein Sprung – aber die Ente ist schneller.
Und fliegen kann sie auch.
Also bleiben dem Fuchs nur
ein paar Schnecken
und Regenwürmer.

Welche Tiere leben noch im Waldsee?

Schwäne

Haubentaucher

Frösche

Fische

Welche Waldbäume bekommen im Herbst buntes Laub?

der Ahorn

die Buche

die Eiche

die Kastanie

Fuchs, du hast das Huhn gestohlen

Der Sommer ist vorüber. Nun wird es langsam kälter und die Blätter der Bäume verfärben sich. Wie gut, dass der Fuchsbau fertig ist. Und wie gut, dass das kurze Sommerfell zum dicken Winterpelz wird. So muss der kleine Fuchs nicht frieren.

Wieder einmal hat der kleine Fuchs Hunger. In der Nähe des Waldrands entdeckt er einen Bauernhof. Um dorthin zu kommen, muss er eine gefährliche Straße überqueren. Da heißt es aufpassen.
Geschafft! Schon von Weitem hört der Fuchs die Hühner gackern. Aber alle laufen hinter einem festen Drahtzaun herum.
Da kommt der Fuchs nicht hinein.
Doch was ist das? Ein einzelnes Huhn ist durch den Zaun geschlüpft.

Erwischt der kleine Fuchs das Huhn?
Ja. Pech für das Huhn.
Aber Glück für den kleinen Fuchs.
Ein so leckeres Abendessen hatte er bisher selten.
Diesen Ort muss er sich merken.
Vor allem für den Winter, wenn es keine Beeren, Schnecken oder Regenwürmer mehr gibt.

Fuchs gib acht in der Nacht

Die Nacht ist hereingebrochen. Immer noch denkt der Fuchs an das leckere Huhn vom Bauernhof. Ob er noch mal hingehen soll? Aber da ist die gefährliche Straße. Und auf dem Bauernhof wohnen Menschen. Die möchte der Fuchs lieber nicht treffen.

Trotzdem macht er sich noch einmal auf den Weg.
Die Straße hat er schnell hinter sich gelassen.
Jetzt auf zum Hühnerstall! Da jagt ein riesiger Hund
auf ihn zu. Nichts wie weg. Was ist das für ein
schrecklich grelles Licht? Die Scheinwerfer eines Autos.
Bremsen kreischen.

Ist dem kleinen Fuchs etwas passiert?
Nein. Er hat es gerade noch über die Straße geschafft.

Aber der Hund ist ihm immer noch auf den Fersen.
Schnell, schnell zurück zum Fuchsbau.
Da passt der Hund nicht hinein, denn die Gänge
sind zu eng für ihn. Der Fuchs entkommt.

Hunger hat er nun nicht mehr,
nur noch schlafen will er.
Der Schrecken war einfach zu groß.

Was kann ein Fuchs besonders gut?

Hören.

Sehen. Auch im Dunkeln!

Riechen. Er hat eine besonders gute Nase, die weit entfernte Gerüche wittert.

Zubeißen.
Er hat scharfe und spitze Zähne.

Rennen. Er hat kräftige Beine. Damit kann er schnell laufen und weit springen.

Was fressen die Füchse in der Stadt?

Sie jagen Mäuse und Ratten.

Sie durchstöbern Komposthaufen.

Sie wühlen in Mülltonnen.

Sie verschlingen gern Süßigkeiten, am liebsten Schokolade – wenn sie welche finden.

Ein Revier für die Familie

Obwohl der kleine Fuchs schon seit vielen Wochen allein lebt, trifft er immer wieder seine Eltern im Wald, auch seinen Bruder und seine Schwester.

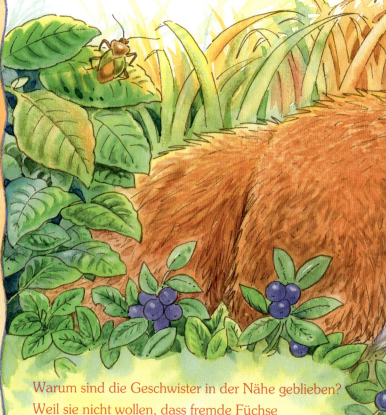

Warum sind die Geschwister in der Nähe geblieben? Weil sie nicht wollen, dass fremde Füchse ins Revier ihrer Familien eindringen. Fremde Füchse werden davongejagt. Denn wenn es zu viele gibt, schnappt man sich gegenseitig die besten Bissen weg. Das darf nicht sein. Und jetzt vor dem Winter muss ordentlich gefressen werden.

Wenn die Jagd erfolgreich ist, kann der Fuchs sogar etwas zurücklegen. Füchse verscharren ihre Vorräte in etwa 10 cm tiefen Löchern. Ihre gute Nase hilft ihnen, sie wiederzufinden.

Nicht mehr allein
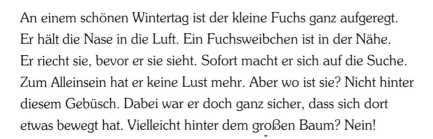

An einem schönen Wintertag ist der kleine Fuchs ganz aufgeregt. Er hält die Nase in die Luft. Ein Fuchsweibchen ist in der Nähe. Er riecht sie, bevor er sie sieht. Sofort macht er sich auf die Suche. Zum Alleinsein hat er keine Lust mehr. Aber wo ist sie? Nicht hinter diesem Gebüsch. Dabei war er doch ganz sicher, dass sich dort etwas bewegt hat. Vielleicht hinter dem großen Baum? Nein!

Wer läuft im Winter durch den Schnee?

der Fuchs

der Dachs

der Feldhase

das Reh

Findet der kleine Fuchs die Fuchsfrau?
Nicht sofort. Das dauert eine Weile.
Endlich entdeckt er sie. Doch sie bleibt nicht stehen,
sondern springt davon und lässt ihn hinterherrennen.
Na, so was! Der kleine Fuchs gibt nicht auf.
Immerhin ist er ja ein junger, schöner Fuchs.
Er muss ihr doch gefallen.
Also Geduld.

Winterliebe

Die junge Füchsin hat sich wirklich für den kleinen Fuchs entschieden. Sie mag ihn. Aber die gemeinsamen Jungen wird sie in ihrem eigenen Bau zur Welt bringen.

Wann werden die Jungen denn geboren? Das dauert noch bis zum Frühjahr.

Jetzt im Winter brauchen Fuchs und Füchsin mehr Zeit zum Jagen, denn manche Tiere halten Winterschlaf oder Winterruhe. Und auch die Mäuse bleiben lieber in ihren Mauselöchern, als draußen spazieren zu gehen.

Ein dickes Winterfell schützt das Fuchspaar vor der Kälte. Gut, dass die beiden jetzt zu zweit sind. Zwei finden immer mehr als einer.
Zwar jagen sie meistens allein, teilen sich aber das, was sie erbeutet haben.

Wer hält Winterschlaf und wer Winterruhe?

Diese Tiere verschlafen den ganzen Winter in ihrem Bau:

Igel

Haselmäuse

Diese Tiere ruhen in ihrem Bau. Ab und zu gehen sie auf Nahrungssuche:

Eichhörnchen

Dachse

Maulwürfe

Nachwuchs bei Familie Fuchs

Der kleine Fuchs ist nun richtig erwachsen. Er ist Vater geworden.
Fünf klitzekleine, wollige Füchse liegen in der Höhle.
Ganz schön viel Verantwortung hat der Fuchs nun für seine Familie.
Ständig muss er Beute besorgen. Die Füchsin braucht Futter.
Denn sie kann nicht fort, weil sie sich um die Kleinen kümmern muss.

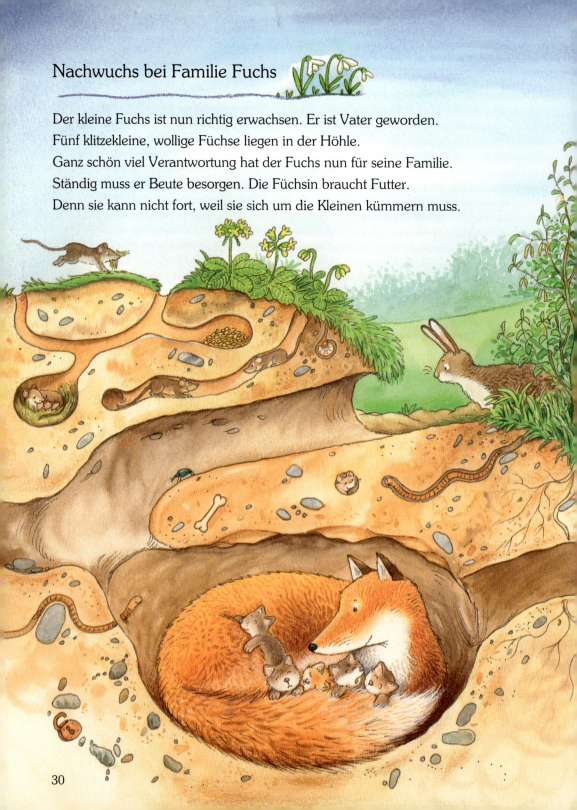

**Liegt denn immer noch Schnee?
Nein, der Frühling ist gekommen.**
Die Märzenbecher blühen und die Schlüsselblumen spitzen aus der Erde heraus. Die ersten Käfer und Schnecken sind unterwegs. Auch der Igel ist aus dem Winterschlaf erwacht. Was für ein wunderbarer Frühling für den kleinen Fuchs – der ein großer Fuchs geworden ist – mit einer großen Familie.

Liebe Fuchsfreundin, lieber Fuchsfreund,

du weißt ja jetzt, was für ein hübscher Bursche mit rotem Fell der kleine Fuchs ist. Und weil das so ist, hat man auch andere Tiere nach ihm benannt.
Man sagt zum Beispiel zu einem Pferd mit rötlichem Fell »Fuchs«, auch gibt es orangefarbene Schmetterlinge mit dem Namen »Großer Fuchs« und »Kleiner Fuchs«. Und es gibt eine Säge, die Fuchsschwanz heißt, weil sie ähnlich geformt ist wie der Schwanz des Fuchses. Von Füchsen sagt man auch, dass sie äußerst schlau sind. Nicht umsonst heißt es, »so schlau wie ein Fuchs sein«. Auch in Fabeln und Märchen treffen wir den schlauen Fuchs immer wieder. Zwei dieser Fabeln von Jean de La Fontaine hörst du gleich.

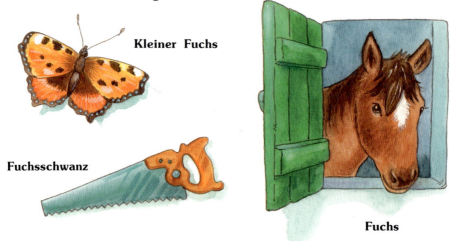

Der Fuchs und der Rabe

Auf einem Baum saß ein Rabe. Der hatte ein großes Stück Käse im Schnabel. Der Fuchs, der unter dem Baum umherschlich, hatte schon lange nichts Ordentliches mehr zwischen den Zähnen gehabt. Aber der Fuchs wusste genau, dass der Rabe niemals mit ihm teilen würde. Also muss ich es mit Schläue versuchen, dachte der Fuchs.
»Verehrter Meister Rabe«, sagte der Fuchs darum, »darf ich Ihnen sagen, dass Sie heute ganz besonders vornehm aussehen.«

Der Rabe nickte erfreut. Antworten konnte er ja nicht,
weil er den Käse im Schnabel hatte.
»Ihr schwarzes Federkleid schimmert wie reine Seide«, fuhr der Fuchs fort.
»Sie Glücklicher!«
Der Rabe fühlte sich sehr geschmeichelt, ließ aber dennoch
seinen Käse nicht fallen.

»Und was ich Ihnen schon längst sagen wollte«, log der Fuchs weiter,
»Ihre wunderbare Stimme klingt glockenrein. Wie gerne
würde ich sie wieder einmal hören.«
Da vergaß der Rabe den Käse und fing laut an
zu krächzen. Der Käse fiel herunter und der schlaue Fuchs
musste ihn nur noch auffangen.

Der Fuchs und die Trauben

Der Fuchs hatte die ganze Nacht über außer ein paar Regenwürmern nichts zu fressen gefunden. Sein Magen knurrte. Da sah er an einem Weinstock schöne Trauben hängen. Ein paar davon wären jetzt wunderbar, dachte er. Aber sosehr er sich auch bemühte, sich streckte und hochhüpfte, er kam einfach nicht an die Trauben heran. Die hingen zu hoch. So ging der Fuchs weiter und sagte zu sich: Vermutlich waren die Trauben noch nicht einmal reif und ich hätte doch nur Bauchschmerzen bekommen. Wie gut, dass ich sie nicht erreicht habe!

Achtung, Tollwut!

Leider schützt den Fuchs seine Schläue nicht davor, krank zu werden. Vor allem leiden Füchse an der Tollwut, einer Krankheit, die auch für Menschen lebensbedrohend ist. Heute können Füchse schon gegen Tollwut geimpft werden. Trotzdem heißt es aufpassen. Füchse sind wilde Tiere und man sollte immer Abstand halten. Auch Tierkot niemals anfassen!
Außerdem kann eine Wurmerkrankung bei Füchsen, der Fuchsbandwurm, für Menschen gefährlich werden. Deshalb sollten wir Waldbeeren nie ungekocht essen.

Der kleine Marienkäfer und die Tiere auf der Wiese

Aufgewacht, kleiner Marienkäfer!

Was für ein Gekrabbel unter dem großen Stein! Die Marienkäfer sind aufgewacht. Gemeinsam haben sie überwintert. Nun ist der Frühling gekommen. Jetzt aber hinaus in die Sonne!

Ob dem kleinen Marienkäfer
das Fliegen noch gelingt? Mal sehn: Erst die Flügel
heben und senken. Dann den Kopf drehen
und die sechs Beine bewegen.
Ja, es geht gut. Schon fliegt der kleine Marienkäfer los.

WOHIN FLIEGT ER DENN?
ZU DEN NÄCHSTEN PFLANZEN.
DORT HÄLT ER NACH BLATTLÄUSEN AUSSCHAU.

Nach der langen
Winterstarre hat der Marienkäfer
einen Riesenhunger. Da entdeckt
er an einem Rosenstock Blattläuse.
Fünfzig von ihnen frisst er täglich.
Das ist gut so, denn die Blattläuse
zerstören viele Blütenknospen
und Blätter.

Bald wird sich der Marienkäfer eine Partnerin suchen.
Sie legt dann ungefähr 400 Eier, aus denen
Larven schlüpfen. Und die krabbeln schon gleich
den Blattläusen hinterher. Na, so was!

Welche anderen Käfer kennen wir?

Käfer sind Insekten und haben sechs Beine.
Sie besitzen einen Panzer und harte Flügeldecken, die die zarten Flügel darunter schützen.

Maikäfer

Mistkäfer

Hirschkäfer

39

Welche Schmetterlinge sehen wir auf der Wiese?

Zitronenfalter

Admiral

Tagpfauenauge

Kohlweißling

Ein Schmetterling schlüpft

Was hängt denn hier im Strauch? Wie eine kleine Erbsenschote sieht es aus. Nach und nach wird es sogar durchsichtig und schillert ein bisschen bunt.

WAS KANN DAS NUR SEIN?

EINE PUPPE, AUS DER SPÄTER EIN SCHMETTERLING SCHLÜPFT.

Zuerst war da ein kleines Ei. Aus diesem Ei ist dann eine gefräßige kleine Raupe gekrochen. Immer, wenn sie wieder gewachsen ist, hat sie die alte Haut abgestreift und eine neue bekommen. Schließlich hat sie sich verpuppt. In dieser Puppe ist ein wunderschöner Schmetterling herangewachsen. Ein Schwalbenschwanz. Jetzt schlüpft er aus. Er faltet seine Flügel auseinander. Noch sind sie nicht ganz glatt. Aber schon sieht man darauf die vielen Tausend Farbplättchen. Bald fliegt der Schmetterling das erste Mal zu den Blüten, um Nektar zu trinken.

Im Schneckentempo

Endlich regnet es. Die Weinbergschnecke kriecht langsam den Baumstamm hinunter. Die Fühler, an denen die Augen sitzen, sind ausgestreckt. Vor einigen Tagen war es der Schnecke auf der Erde zu trocken geworden. Darum hat sie sich unter das kühle Blätterdach zurückgezogen und sich dort festgeklebt.

WOHER HAT DIE SCHNECKE DEN KLEISTER? DAS IST IHR SCHLEIM. DER KLEBT TATSÄCHLICH!

Mit dem Schleim hat die Schnecke auch ihr Schneckenhaus verschlossen. So bleibt es in ihrem Häuschen schön feucht. Jetzt aber macht sie sich auf die Suche nach Futter.

WAS FRISST DIE SCHNECKE DENN?
AM LIEBSTEN WELKE BLÄTTER UND PFLANZEN.

Unter der Hecke gibt es bestimmt genug davon. Die Häuschenschnecken sind längst nicht so gefräßig wie die Nacktschnecken. Die sind nämlich gierig auf alles, was frisch und grün aus dem Boden sprießt.

Welche Schnecken gibt es?

Die häufigsten Schnecken sind die häuschentragenden Schnirkelschnecken. Sie können ganz verschieden aussehen. Zu ihrer Familie gehören die großen Weinbergschnecken. Auch von den Nacktschnecken gibt es verschiedene Arten.

Hain-Bänderschnecke

Große Weinbergschnecke

Rote Wegschnecke

Spinnen – Jägerinnen im Netz

Ein Spinnennetz spannt sich von einem Glockenblumenstängel zum anderen. Ein echtes Kunstwerk ist das, gewebt aus feinen Fäden.
Nach getaner Arbeit hat sich die Kreuzspinne an den Rand ihres Netzes zurückgezogen. Dorthin, wo man sie nicht sieht. Sie wartet.

WORAUF WARTET SIE DENN?

SIE WARTET AUF BEUTE.

Schon kommt ein Schmetterling angeflogen.
Der wäre ein Leckerbissen! Doch er bemerkt die Falle
rechtzeitig. Eine Fliege aber, die vorbeisummt, passt
nicht so gut auf. Kaum zappelt sie im Netz, wird sie von
der Spinne mit ihren Fäden umwickelt und mit einem
giftigen Biss betäubt. Eine schöne Mahlzeit für später.

Nicht alle Spinnen spinnen Netze. Manche leben
in Erdhöhlen und springen ihre Beute an.
Auch die Wolfsspinne. Sogar dann, wenn sie
ihre Jungen auf dem Rücken trägt. Die bleiben
nämlich so lange bei ihr, bis sie selbst groß genug
zum Jagen sind.

Wie entsteht ein Spinnennetz?

Zuerst kommt der Tragfaden.

Die Kreuzspinne seilt sich in der Mitte ab.

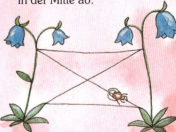

Der äußere Rahmen wird gesponnen.

Zum Schluss kommen die Speichen und eine Spirale.

45

Ein Kaninchen ist kein Hase

Noch rasch ein bisschen Klee gemümmelt und ein paar Hälmchen Gras. Dann ist es aber höchste Zeit für das Kaninchen, im unterirdischen Bau zu verschwinden. Schließlich warten fünf Junge auf die Mutter. Die sind noch nackt und blind und wollen gesäugt werden.

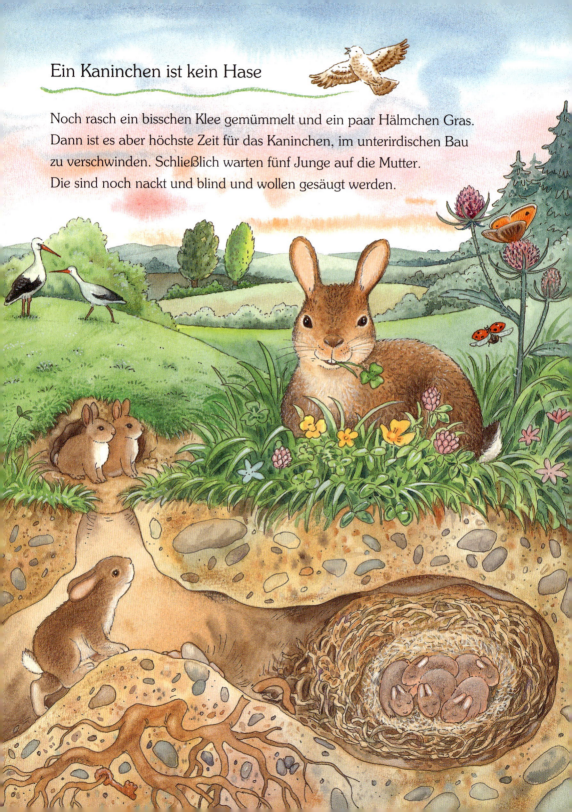

Auch die Häsin hatte Junge. Aber die sind mit Fell und offenen Augen auf die Welt gekommen und haben sich sofort selbstständig gemacht. Feldhasen leben im Gegensatz zu den Kaninchen in flachen Erdmulden. Wenn Gefahr droht, müssen sie sich ganz still verhalten, damit sie der Fuchs oder der Jäger nicht hört.

WARUM GRABEN HASEN KEINE HÖHLEN?
HASEN WOLLEN IHRE NASE IMMER
IN DEN WIND HALTEN.

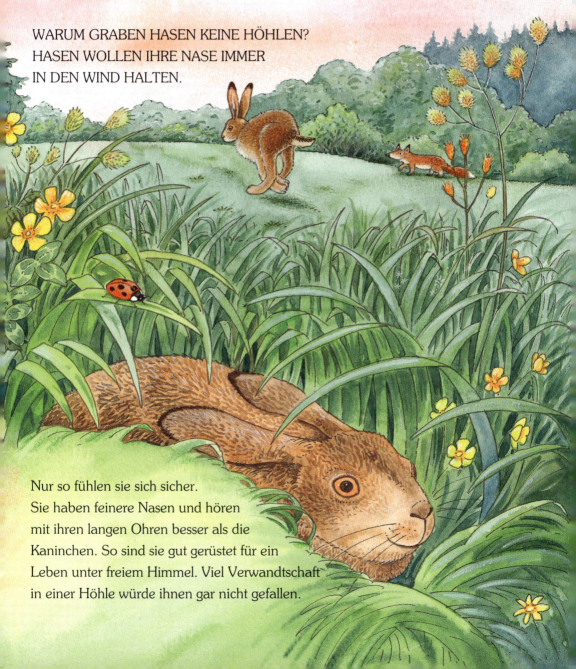

Nur so fühlen sie sich sicher. Sie haben feinere Nasen und hören mit ihren langen Ohren besser als die Kaninchen. So sind sie gut gerüstet für ein Leben unter freiem Himmel. Viel Verwandtschaft in einer Höhle würde ihnen gar nicht gefallen.

Welche Tiere wollen den Regenwurm fressen?

Vögel

Spitzmäuse

Maulwürfe

Frösche

Igel

Der Regenwurm mag keinen Regen

Es regnet und regnet. Der Regenwurm mag den Regen aber gar nicht. Denn in seinen Wohnröhren, die er sich unter der Erde gräbt, wird es nass. Vielleicht stehen die Gänge sogar ganz unter Wasser. Dann aber nichts wie raus! Ertrinken will der Regenwurm schließlich nicht. Aber auch oben im Gras ist es gefährlich für ihn.

WARUM DENN?
WEIL ER VIELEN TIEREN
SEHR GUT SCHMECKT.

Das ist schade, denn Regenwürmer sind sehr nützlich. Beim Graben lockern sie die Erde auf und verputzen jede Menge vermoderte Pflanzenteile. So verbessern sie den Boden.

WIE KOMMT DER REGENWURM VORWÄRTS?
ER HAT KEINE FÜSSE, ABER KURZE BORSTEN.
MIT DENEN STÖSST ER SICH AB.

Außerdem hat der Regenwurm Ringmuskeln, die er zusammenzieht und wieder ausdehnt. So kann er sich gut weiterbewegen.

Ein Sonnenbad für die Eidechse

Kaum scheint die Sonne und die Steine werden warm,
schiebt sich eine kleine spitze Schnauze zwischen den Blättern hervor,
dann ein geschmeidiger Körper mit einem Schuppenkleid und vier Beinen –
und einem langen, langen Schwanz.

IST DAS EIN KLEINES KROKODIL?
NEIN, ES IST EINE EIDECHSE!

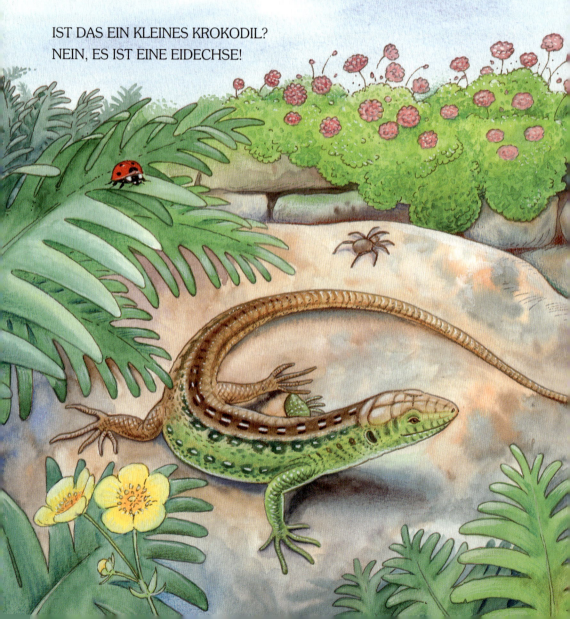

Sie wärmt sich den Bauch und genießt die Sonne.
Je wärmer, desto besser! Dabei vergisst sie das Jagen nicht.
Eben krabbelt eine kleine Spinne vorbei. Ein Sprung!
Schon ist die Spinne verzehrt. Aber auch die Eidechse
muss aufpassen. Wiesel, Schlangen, Katzen und
große Vögel haben es auf sie abgesehen.
Vorsicht, kleine Eidechse!

WAS IST DENN JETZT PASSIERT?
HILFE! DER SCHWANZ IST WEG!

Ein Vogel wollte die Eidechse packen, hat aber nur
den Schwanz erwischt. Den kann die Eidechse
bei Gefahr abwerfen. Das macht ihr nicht viel aus,
denn es wächst ein neuer nach.

Zu welcher Familie gehört die Eidechse?

Sie gehört zur Familie der Reptilien wie

das Chamäleon,

die Schildkröte,

der Waran,

das Krokodil.

Ein Grillenkonzert im Sommer

Heute ist es brütend heiß. Menschen und Tiere haben sich in den Schatten zurückgezogen. Sogar den Vögeln ist es zum Zwitschern zu warm.
ABER MACHT DA NICHT JEMAND MUSIK?
ES SIND DIE GRILLEN UND DIE HEUSCHRECKEN.

Ihnen gefällt die Hitze.
Die Männchen fiedeln und zirpen,
so laut sie nur können.
Das heißt: Hört her, ihr Weibchen.
Wir suchen euch! Es wird Zeit,
dass wir Nachwuchs bekommen.

WIE MACHEN DIE GRILLEN
UND HEUSCHRECKEN MUSIK?
MIT IHREN BEINEN UND FLÜGELN.

Die Grillen reiben ihre Flügel aneinander
und die Heuschrecken schaben mit den
Hinterbeinen an den harten Kanten der Flügel.
Die Lieblingsbeschäftigung der Heuschrecken ist aber
das Fressen. Was immer sie finden, knabbern sie kahl.
Und weil sie Flügel haben und lange Beine, kommen
sie schnell von einem Futterplatz zum andern.
Nur die kleinen Grashüpfer fliegen nicht: Sie springen.

Wie wächst eine Heuschrecke heran?

Aus dem Ei schlüpft eine Larve.

Die Larve häutet sich mehrmals, dann verpuppt sie sich.

Aus der Puppe schlüpft die junge Heuschrecke. Die nennt man Nymphe.

Nymphen häuten sich insgesamt fünf bis zehn Mal bis sie erwachsene Heuschrecken sind.

53

Wer lebt noch im Moorsee?

Die Sumpfschildkröte

der Frosch,

der Gelbrandkäfer,

der Wasserläufer,

Teichmuschel. Sumpfschnecke und

Wo die Ringelnatter schwimmt

»Quak, quak!«, tönt es von allen Seiten. Das sind die Frösche am Moorsee. Doch plötzlich wird es totenstill. Platsch, platsch! Alle Frösche verschwinden.

WAS IST DENN GESCHEHEN?
OH, EINE RINGELNATTER
SCHWIMMT HERAN.

Hier ist sie zu Hause. Manchmal verlässt sie das Wasser und legt sich in die Sonne. Ab und zu schwimmt sie den kleinen ruhigen Bach hinauf, der bei den Schilfstängeln in den Moorsee mündet. Oft liegt die Ringelnatter zwischen den Schilfblättern auf der Lauer. Nur ihr Kopf mit den beiden gelben Flecken ist zu sehen.
WAS WILL SIE DENN?
EINEN FROSCH ODER EINEN MOLCH
ZUM MITTAGESSEN.

Neben der großen Weide liegt ein Laubhaufen. Dort ist es warm und dort hat die Ringelnatter ihre Eier versteckt. Im Herbst schlüpfen ihre Jungen. Sie fressen Fliegen, kleine Würmer und Kaulquappen. Für den Winterschlaf ziehen sie sich wieder in ihr Nest zurück.

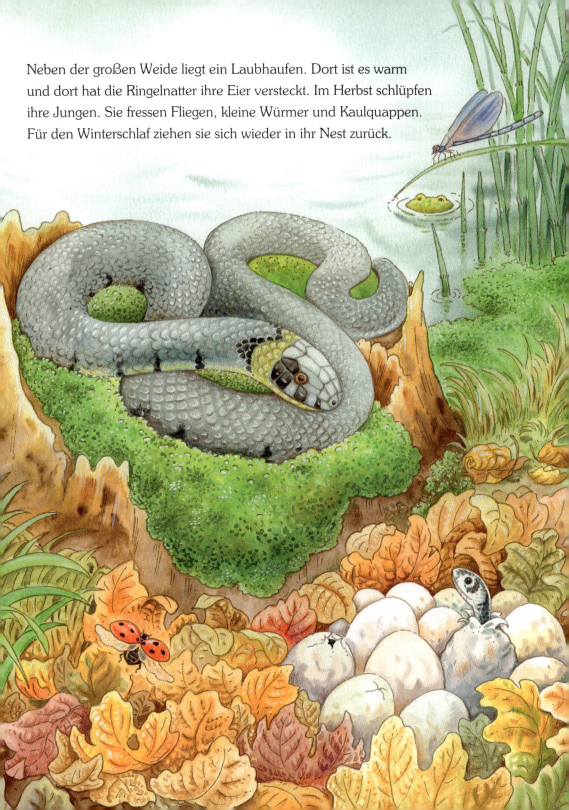

Die Glühwürmchen sind unterwegs

Der Abend ist gekommen. Nun ist es dunkel.
Die Kröte quakt noch leise am Teich und Mama Igel
geht schmatzend mit ihren Jungen an der Hecke spazieren.
Kein Licht ist zu sehen. Nur der Mond scheint am Himmel.

SCHEINT WIRKLICH NUR DER MOND?
NEIN, AUCH DIE GLÜHWÜRMCHEN
FANGEN ZU LEUCHTEN AN.

Nachts fliegen die Männchen umher und blinken
wie klitzekleine Taschenlampen, die aus- und eingeschaltet
werden. Auch die Weibchen leuchten. Aber weil sie keine
Flügel haben, sitzen sie im Gras.

Glühwürmchen sind kleine Leuchtkäfer. An ihrer Unterseite
haben sie grünlich blinkende Lichtquellen. Sonst würden
sich die Paare in der Dunkelheit gar nicht finden.
Aber nur bei den kleinen Glühwürmchen glühen Männchen
und Weibchen. Bei einer größeren Art leuchten
nur die Weibchen.

Wer ist nachts noch unterwegs?

Füchse

Mäuse

Marder

Käuzchen

Dachse

57

Warum kann der Maulwurf so gut unter der Erde leben?

Er hat Grabschaufeln mit scharfen Krallen.

Er hat eine lange Rüsselschnauze.

Er hat spitze Zähne.

Er hat überall Fühlhaare zum Ertasten von Hindernissen.

Der fleißige Maulwurf

Von früh bis spät gräbt der Maulwurf mit seinen großen Schaufelpfoten. Wohin nur mit der vielen Erde? Die schiebt der Maulwurf mit den Hinterbeinen einfach an die Oberfläche. So entsteht ein Maulwurfshügel. Der ist wichtig für den Maulwurf. Die Erde dort ist luftdurchlässig. So kann der Maulwurf besser atmen.

Aber jetzt hat er Hunger! Er verputzt so ziemlich alles, was er während seiner Graberei findet. Zum Beispiel Insekten, Larven, Schnecken und Würmer. Ist er satt, ruht er sich in seiner Nestkammer aus. Die hat er mit Blättern und Grashalmen gepolstert. Der Maulwurf mag es gemütlich und ist gern allein. Nur im Frühling sucht er sich ein Weibchen.

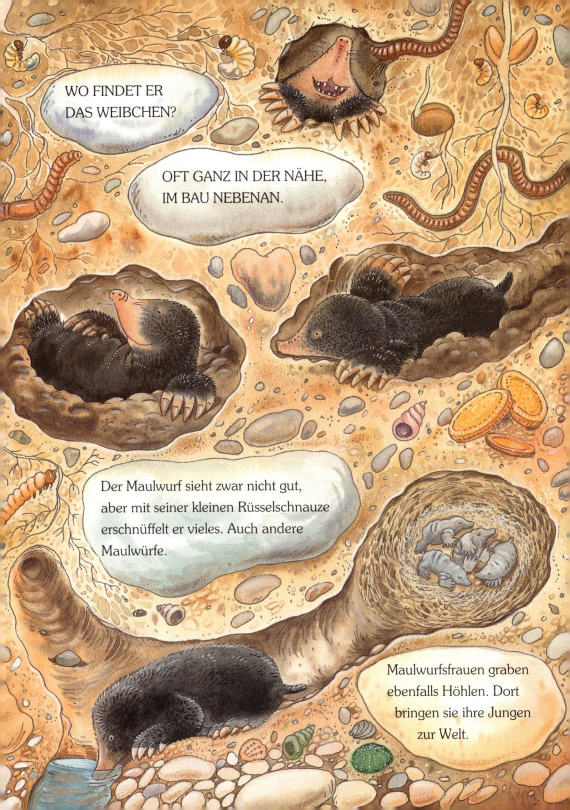

Warum mögen Ameisen Blattläuse so gern?

Die Ameisen lieben den süßen Honigtau der Blattläuse.

Sie streicheln die Blattläuse sanft. Das gefällt denen. Dafür geben sie Honigtau ab.

Als Dank schützen die Ameisen die Blattläuse vor Feinden und tragen sie zu neuen Pflanzen.

Im Ameisenstaat

Ist das ein großer Ameisenhügel am Waldrand! Viele Tausend Ameisen sind damit beschäftigt, den Haufen noch größer zu machen. Ständig werden Tannennadeln, kleine Zweige und Moos herbeigeschleppt.

WOZU BRAUCHEN DIE AMEISEN DEN HÜGEL?

DER HÜGEL SCHÜTZT DAS NEST MIT DEN EIERN VOR KÄLTE, HITZE UND STARKEM REGEN.

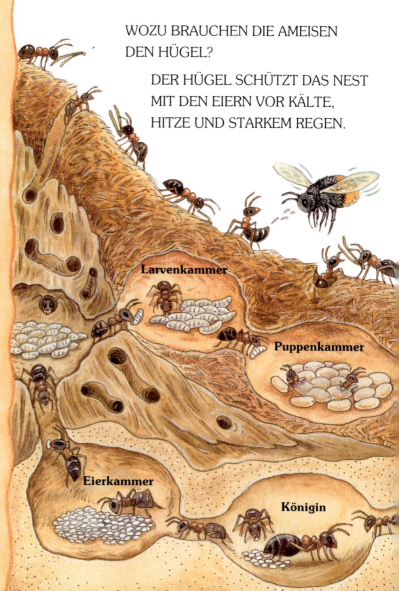

Unter dem Ameisenhügel gibt es noch viele Gänge, in denen die Ameisen ihre Vorräte sammeln und den Nachwuchs aufziehen.

WAS GIBT ES DENN SONST NOCH ZU TUN? JEDE MENGE!

Im Ameisenstaat hat jedes Mitglied seine Aufgabe. Die Königin legt die Eier. Die Arbeiterinnen bauen das Nest, suchen Nahrung, kümmern sich um die Brut und versorgen die Königin. Wird es für die Eier einmal doch zu warm, tragen die Arbeiterinnen sie mit ihren Zangen an einen kühleren Ort. Manche Arbeiterinnen verteidigen als Soldatinnen das Nest gegen Feinde.

UND WAS MACHEN DIE MÄNNCHEN? DIE GEHEN MIT DER NEUEN KÖNIGIN AUF HOCHZEITSFLUG.
Danach wirft die Königin ihre Flügel ab und gründet einen neuen Ameisenstaat.

Vorrats-kammer

Friedhof

Bei Familie Feldmaus

Der Winter ist nicht mehr weit. Höchste Zeit für Familie Feldmaus, genügend Futter zusammenzutragen wie Samen, Wurzeln und kleine Rindenstücke. Die Mäusefamilie ist groß. Auch die Wohnungen und Gänge dicht unter der Erdoberfläche sind weit verzweigt. Wo viele sind, braucht man Platz. Sogar über der Erde haben die Mäuse Tunnelwege angelegt.

WOZU BRAUCHEN SIE DIE?
DAMIT SIE SCHNELL VON EINEM MAUSELOCH
ZUM ANDERN FINDEN.

Das ist wichtig, wenn ein Feind kommt. Und davon gibt es genug. Aber auch im Winter unter der Schneedecke sind diese Wege nützlich.

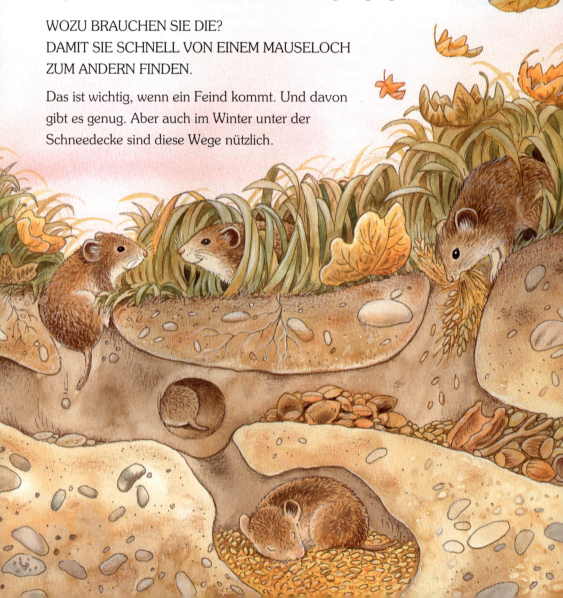

Im Herbst und Winter gibt es keinen Nachwuchs bei den Mäusen. Dafür im Frühjahr und Sommer. Eine Mäusefrau bringt mehrmals im Jahr bis zu zwölf Junge auf die Welt. Die werden schnell groß und gründen neue Familien.

Aber jetzt heißt es, erst einmal in Ruhe den Winter abzuwarten.

Welche Tiere muss die Feldmaus fürchten?

Katzen

Greifvögel wie Falke, Bussard und Eule

Füchse

Mauswiesel

Schlangen

Hallo, liebe Tierfreundin, lieber Tierfreund,

nun hast du schon viel über die Tiere auf der Wiese erfahren.
Aber es gibt noch viel mehr Interessantes zu erzählen – Verblüffendes
und echte Rekorde aus der Tierwelt.

Wie unterscheiden wir Spinnen und Insekten?
Die Spinnen gehören nicht zu den Insekten, sondern zur Familie der Spinnentiere.
Die haben acht statt sechs Beine. Und statt zwei Augen gleich acht.

Welche Käfer gibt es noch?
Es gibt 4000 verschiedene Marienkäferarten, sogar gelbe.
Manche von ihnen haben 2, 4, 5, 7, 10, 11, 13, 14, 16, 17, 18, 22 und 24 Punkte.
Die Punkte haben mit dem Alter der Marienkäfer nichts zu tun.

Käferarten gibt es unzählig viele.
Einer der größten und auf jeden Fall
schwersten Käfer ist der Goliathkäfer.
Er lebt im afrikanischen Urwald.
Er so groß wie eine Teetasse
und schwerer als ein Apfel.

Der längste Käfer der Welt ist 17 cm lang.
Es ist der Riesenbockkäfer aus Südamerika.

Wie schnell gräbt der Maulwurf?

Der Maulwurf ist ein Weltmeister im Graben. Obwohl der doch ziemlich klein ist, schafft er einen Gang von einem Meter in drei bis vier Minuten. Der Maulwurf muss jeden Tag halb so viel fressen, wie er wiegt. Er vertilgt vor allem schädliche Käferlarven und Insekten. Er ist also sehr nützlich, wenn man von seiner Vorliebe für Regenwürmer absieht. Deshalb steht der Maulwurf unter Naturschutz.

Warum häutet sich die Eidechse?

Die Eidechsen sind Verwandte der Dinosaurier, so wie auch Krokodile, Riesenwarane und Alligatoren. Man nennt diese Tiere Reptilien. Wenn Eidechsen wachsen, wird ihnen ihre Schuppenhaut zu eng. Die streifen sie dann ab und darunter kommt eine nagelneue Haut zum Vorschein. Auch Schlangen wie die Ringelnatter häuten sich.

Wie viel Nachwuchs haben Blattläuse?

Die Blattläuse gehören zu den Tieren, die sich am schnellsten vermehren. Gäbe es keine Marienkäfer, Spinnen oder Vögel, die auch Blattläuse fressen, würde eine einzige Blattlaus so viele neue produzieren, dass sie – übereinandergestapelt – eine Säule bis zum Mond ergäben.

Warum muss das Nachtpfauenauge nichts fressen?

Das Nachtpfauenauge braucht, wenn es einmal ausgeschlüpft ist, keine Nahrung mehr. Dieser Nachtfalter lebt von den Reserven, die er sich als Raupe angefressen hat.

Wie lebt die kleine Honigbiene?

Wie entsteht eine Biene?

Die Bienenkönigin legt ein Ei in die Zelle.

Aus dem Ei schlüpft eine Larve. Man sagt auch »Made« dazu.

Nach fünf bis sechs Tagen verpuppt sich die Larve.

Nach 21 Tagen schlüpft das fertige Bienenkind aus der Zelle.

70

Ausgeschlüpft!

Das Bienenkind ist ausgeschlüpft. Jetzt durchnagt es den Wachsdeckel seiner Zelle.
WO IST ES DENN?
HIER IST ES!

Schon sieht man die Fühler und den Kopf.
Nun die Flügel und den Körper.
Geschafft!

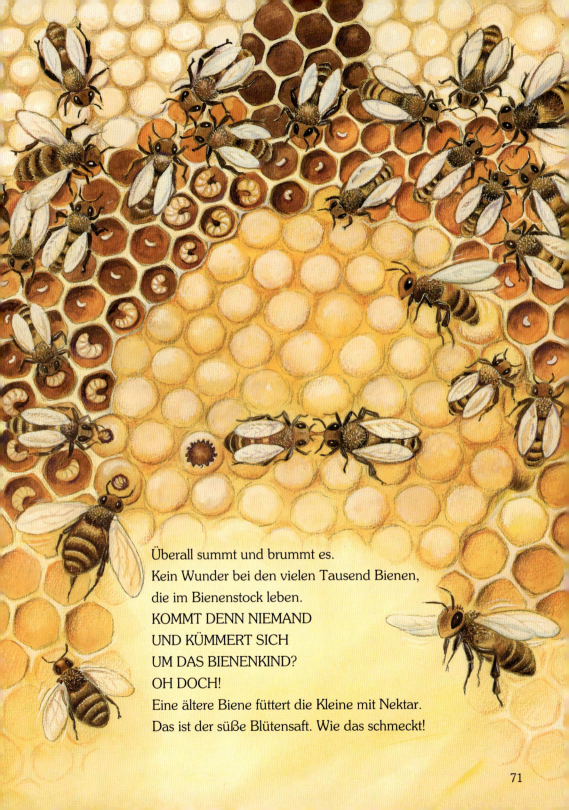

Überall summt und brummt es.
Kein Wunder bei den vielen Tausend Bienen,
die im Bienenstock leben.
KOMMT DENN NIEMAND
UND KÜMMERT SICH
UM DAS BIENENKIND?
OH DOCH!
Eine ältere Biene füttert die Kleine mit Nektar.
Das ist der süße Blütensaft. Wie das schmeckt!

Wie ist der Bienenstock aufgebaut?

Der Imker hängt in den Bienenstock Rähmchen mit Wachsplatten und lässt die Bienen selbst die Waben bauen.
Im Frühjahr arbeiten die Bienen besonders fleißig. Rund um das Brutnest legen sie einen Futterkranz aus Honigzellen an.

Im Brutnest wird der Nachwuchs gefüttert und gepflegt.
Wenn keine Bienen mehr schlüpfen, werden die Waben auf allen Stockwerken mit Honig gefüllt.

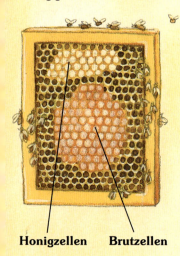

Honigzellen   **Brutzellen**

Trubel im Bienenstock

Oh, wie ist es dunkel im Bienenstock.
Aber der kleinen Biene macht das gar nichts aus.
Sie hat ja Fühler.
Mit denen kann sie nicht nur tasten, sondern auch Gerüche erkennen.
So findet sie sich gut zurecht.

Was es da alles zu entdecken gibt!
Zum Beispiel Waben mit sechseckigen Zellen.
Die haben die Bienen aus Wachs gebaut.
Wie Wohnungen in einem Haus
sind die Zellen übereinandergeschichtet.
WOHNT IN JEDER ZELLE EINE BIENE?
NEIN.
In den äußeren Zellen wird Honig eingelagert. Die mittleren Zellen sind für den Nachwuchs bestimmt.

Jede Biene arbeitet eifrig im Bienenstock.
Als Erstes erlebt die kleine Biene,
wie die Zellen geputzt werden,
aus denen junge Bienen geschlüpft sind.
Die haben auch gleich Hunger und müssen gefüttert werden.
HILFT DIE KLEINE BIENE AUCH SCHON MIT?
JA! WO VIELE MITHELFEN, GEHT DIE ARBEIT SCHNELLER.

Welche Aufgaben haben die Bienen?

In jedem Bienenvolk gibt es nur eine Königin. Sie legt die Eier.

Die männlichen Bienen, die zur Paarung nötig sind, heißen Drohnen. Sie haben große Augen, keinen Stachel und müssen gefüttert werden.

Die Arbeitsbienen haben je nach Alter die verschiedensten Aufgaben: Zellen putzen, Larven füttern, Waben bauen und schließlich Nektar, Pollen und Wasser sammeln.

Eine Königin auf Hochzeitsflug

Heute sieht die kleine Biene zum ersten Mal ihre Königin. Sie ist größer als die anderen Bienen. Und sie ist umgeben von ihrem »Hofstaat«.
WAS IST EIN HOFSTAAT?
DAS SIND BIENEN,
DIE NUR FÜR DIE KÖNIGIN DA SIND.
Sie begleiten die Königin und füttern sie, wenn sie hungrig ist.

Nur die Königin unternimmt einen Hochzeitsflug.
Dazu verlässt sie den Bienenstock
und viele Hundert Drohnen folgen ihr.
So heißen die männlichen Bienen.
Einige von ihnen paaren sich mit der Königin.
Erst jetzt kann die Königin Eier legen.
Dazu kehrt sie in den Bienenstock zurück.

Nach ein paar Tagen schlüpfen aus den Eiern die Larven. Die müssen gewärmt und gefüttert werden. Später verpuppen sie sich. Die Arbeitsbienen verschließen die Zellen mit Wachs, damit die Puppen sich in Ruhe zu Bienen entwickeln können.

Hinaus in die Sonne

Heute fliegt die kleine Biene zum ersten Mal
hinaus aus dem Bienenstock.
Hinaus in die bunte Welt!
Zuerst wagt sie sich nur ein kleines Stückchen weg.
Bloß nicht verfliegen!
Doch langsam wird die kleine Biene immer mutiger.
KENNT SIE JETZT SCHON IHREN WEG?
JA! UND SIE KENNT AUCH
DEN GERUCH IHRES BIENENSTOCKS.

So findet sie immer wieder zurück.
Und sie weiß auch, dass sie daheim sein muss,
bevor die Sonne untergeht.

WARUM DENN?
WEIL SIE IN DER DUNKELHEIT
KAUM MEHR HEIMFINDEN WÜRDE.

Aber auch tagsüber lauern manche Gefahren.
Eine Spinne sitzt in ihrem Netz und wartet auf Beute.
Und für eine räuberische Hornisse sind Bienen,
die Honig gesammelt haben, ein Leckerbissen.
Also Vorsicht, kleine Biene!
Mach die Augen auf, damit du gut zurückkehrst.

Wer sind die Feinde der Bienen?

Spinnen, die die Bienen in ihren Netzen fangen

Hornissen, die Bienen im Flug schnappen

Der Bienenwolf

Spitzmäuse und Vögel

77

Wer hat es auf den Honig abgesehen?

Wilde Bienen und Bienen aus Nachbarstöcken

Wespen, Hornissen...

...und natürlich der Bär!

Achtung, Honigdiebe!

Die kleine Biene hat eine wichtige Aufgabe bekommen. Sie soll das Flugloch bewachen, damit kein Dieb in den Bienenstock eindringt.
WAS WOLLEN DIE DIEBE DENN?
AM ENDE HONIG STEHLEN?
GENAU DAS WOLLEN SIE.

Ganz schön frech. Da heißt es aufpassen. Vor allem Wespen und wilde Bienen haben es auf den Honig abgesehen.

Vorsicht! Gefahr!
WER LANDET DENN HIER?
EINE WESPE!
Die kleine Biene stürzt sich auf den Feind.
Andere Bienen helfen ihr.
Weg mit dir, du Dieb!

Die Wespe hat Glück gehabt. Sie kann davonfliegen.
Fremde Bienen aber müssen ihren Diebstahl mit dem Leben bezahlen.
Denn sonst würden sie verraten, wo es den guten Honig gibt.
Und ein ganzer Schwarm Bienen könnte den Stock überfallen.
Das darf nicht sein!

Wo kommt das Futter her?

Zum ersten Mal fliegt die kleine Biene allein zum Nektarsammeln. Oh, wie schön es überall duftet. Kaum sitzt die kleine Biene auf einer Blüte, schlürft sie mit ihrer Zunge den Nektar aus dem Blütenkelch. Dann saugt sie ihn mit dem Rüssel auf und verstaut ihn in ihrer Honigblase. Auf zur nächsten Blüte!

Beim Nektarsammeln bleibt immer Blütenstaub
an den Beinen der Biene hängen.
Das sind ganz feine Pollenkörnchen, die die Bienen
vor allem als Nahrung für die Larven brauchen.
Diese Pollen nimmt die Biene mit in den Bienenstock
und legt sie in eine Zelle.
Mit dem Kopf stampft eine andere Biene
die Pollen fest.
Erwachsene Bienen ernähren sich von Blütennektar.

UND WO IST DER HONIG?
DER ENTSTEHT AUS DEM NEKTAR,
DEN DIE BIENEN SAMMELN
UND IN DEN WABEN EINLAGERN.

Damit die kleine Biene schnell wieder hinausfliegen
kann, gibt sie den Nektar weiter an Bienen im Stock.
Die kümmern sich darum.

Wie bestäuben die Bienen die Pflanzen?

Während die Biene den Nektar trinkt, bleibt der Pollen an ihren Beinen hängen.

Setzt sich die Biene dann auf die nächste Blüte, streift sie einige Pollenkörnchen ab. Die bestäuben die Blüte. So entstehen Samen.

Aus den Samen wachsen neue Pflanzen.

Was bedeutet der Bienen- oder Schwänzeltanz?

Ein Rundtanz zeigt, dass es den besten Nektar ganz in der Nähe gibt.

Bewegt sich die Biene senkrecht von unten nach oben, heißt das: »Fliegt in Richtung Sonne!«

Und von oben nach unten bedeutet: »Fliegt weg von der Sonne!«

Wie Bienen sprechen

Jetzt ist die kleine Biene eine richtige Honigbiene.
Täglich fliegt sie hinaus auf die Wiese.
Sie weiß, wo es den besten Nektar gibt.
Gerade hat es ihr eine ältere Biene mitgeteilt.
KÖNNEN BIENEN DENN SPRECHEN?
JA, SIE HABEN EINE KÖRPERSPRACHE.
Die Körpersprache nennt man Bienen- oder Schwänzeltanz. Damit können die Bienen erklären, wo am meisten Nektar und Pollen zu finden sind.

Nichts wie hin zu den nektarreichen Blüten,
bevor sie jemand anderes entdeckt!
Zum Glück regnet es heute nicht.
Sonst müsste die kleine Biene daheimbleiben.
WARUM DENN?
WEIL SIE MIT NASSEN FLÜGELN
NICHT FLIEGEN KANN.

Wenn die Bienen vom Regen überrascht werden,
flüchten sie sich unter Blätter, auf jeden Fall
dahin, wo sie trocken bleiben.
Schon ein einziger dicker Wassertropfen
auf den Flügeln kann für die kleine Biene
gefährlich werden.
Und ins Wasser fallen darf sie keinesfalls.
Denn schwimmen kann sie nicht. Trotzdem
ist Wasser wichtig für Bienen. Sie brauchen es
vor allem, um zu dicken Honig flüssiger
zu machen und um die Brut zu füttern.

Eine neue Königin

Was ist das für ein Ruf? Drängend und merkwürdig
klingt er. Alle Bienen geraten in höchste Aufregung.
WAS IST PASSIERT?
EINE NEUE JUNGE KÖNIGIN IST GESCHLÜPFT.
Aber es kann doch nur eine Königin geben!
Das weiß die kleine Biene.

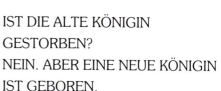

IST DIE ALTE KÖNIGIN
GESTORBEN?
NEIN. ABER EINE NEUE KÖNIGIN
IST GEBOREN.

Sie verdrängt die alte Königin von ihrem Platz.
Deshalb muss die alte Königin ihren Bienenstock
verlassen. Aber allein ist sie nicht,
denn viele Bienen begleiten sie.
Auch die kleine Biene!

Warum schlüpft eine neue Königin?

Wenn die Arbeitsbienen das Gefühl haben, dass die alte Königin zu wenig Eier legt, ziehen sie eine neue Königin heran. Oder das Bienenvolk ist einfach zu groß geworden und hat nicht mehr genügend Platz im Stock.

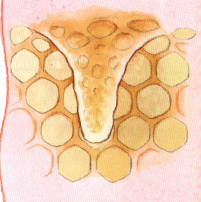

Die Zelle, in der die Königin heranwächst, ist doppelt so groß wie die anderen Zellen. Man nennt sie Weiselzelle.

Schnell saugen alle, die sich zum Gehen entschlossen haben, aus den Honigzellen so viel Nektar, wie sie in ihrer Honigblase tragen können. Jetzt haben sie Futter für mehrere Tage.
Dann müssen die Bienen ein neues Zuhause gefunden haben.

85

Bienenschwarm unterwegs

Die alte Königin ist losgeflogen.
Und viele, viele Tausend Honigbienen folgen ihr.
Wie eine Wolke erheben sich die Tiere. Ein lautes Summen erfüllt
die Luft. Die Königin nehmen sie in ihre Mitte, damit ihr nichts passiert.
WISSEN DIE BIENEN DENN ÜBERHAUPT,
WOHIN SIE FLIEGEN?
NEIN. DAS BESTIMMT DIE KÖNIGIN.

Zuerst einmal lässt sich die Königin auf einem Ast nieder.
Um sie herum scharen sich die Bienen.
Wie eine Traube hängen sie um ihre Königin.
Wie gut, dass die Bienen genug Futter mitgenommen haben.
Damit können sie die Königin und sich selbst versorgen.
Sofort werden Kundschafterinnen ausgesandt,
um nach einem neuen Zuhause zu suchen.
Inzwischen wartet der Schwarm geduldig im Baum.

Wo können Bienen ein neues Zuhause finden?

In hohlen Baumstämmen

Auf wenig benutzten Scheunen- oder Dachböden

Notfalls auch in Erdhöhlen

Die Kundschafterinnen fliegen los

Die kleine Biene ist zusammen mit ein paar anderen als Kundschafterin ausgewählt worden.
Was für eine wichtige Aufgabe!
Und gar nicht so einfach. Gibt es irgendwo einen guten Platz für den Bienenschwarm?

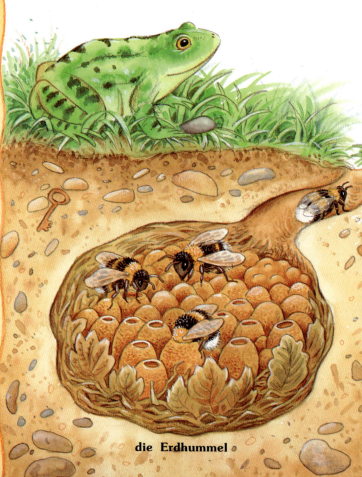

die Erdhummel

Die Kundschafterinnen kehren in der Dämmerung zurück.
Auch die kleine Biene. Den ganzen Tag ist sie geflogen.
Durch den Wald, über Wiesen, durch Dörfer und Gärten.
Einen passenden Ort für die Königin und ihren Bienenschwarm
hat sie noch nicht gefunden.
Aber noch braucht das Bienenvolk keine Angst zu haben.
Es gibt genug Vorräte. Und am nächsten Morgen scheint bestimmt
wieder die Sonne.

FINDEN DIE BIENEN EIN NEUES ZUHAUSE?
MIT EIN BISSCHEN GLÜCK SCHAFFEN SIE DAS.

die Mauerbiene

die Holzbiene

Kleine Behausungen oder unter-
irdische Nester wie Holzbienen,
Mauerbienen, Erdhummeln oder
Wespen sie haben, kommen für
den großen Bienenschwarm nicht
in Frage. Höchstens ein alter
ausgehöhlter Baumstamm!

die Wespe

Wie bauen Bienen Waben?

Die Bienen können selbst Wachs herstellen. Sie erzeugen winzige Wachsplättchen mit den Wachsdrüsen ihres Körpers.

Diese Plättchen formen sie mit ihren Mundwerkzeugen zu sechseckigen Waben.

Die Waben sitzen in einem Holzrahmen.

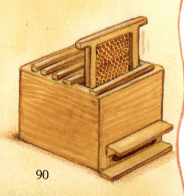

Ein neues Zuhause

Die Nacht war kühl.
Aber zum Glück nicht zu kalt.
Die kleine Biene und viele andere bewegen die Flügel, die ganz steif sind. Langsam geht die Sonne auf und es wird wärmer.

HILFE! WAS KOMMT DENN DA
FÜR EIN UNGEHEUER?
EIN IMKER!

In der Hand trägt er eine große Schachtel. Vorne hat sie eine Öffnung, wie ein Flugloch.
Der Imker hat auch einen Besen dabei. Weil die Bienen immer noch ganz starr von der kühlen Nacht sind, kann er sie leicht vom Ast in die Schachtel streifen.
Diejenigen, die doch weggeflogen sind, kommen später zum Flugloch.
Sie kennen ja den Geruch ihrer Königin.

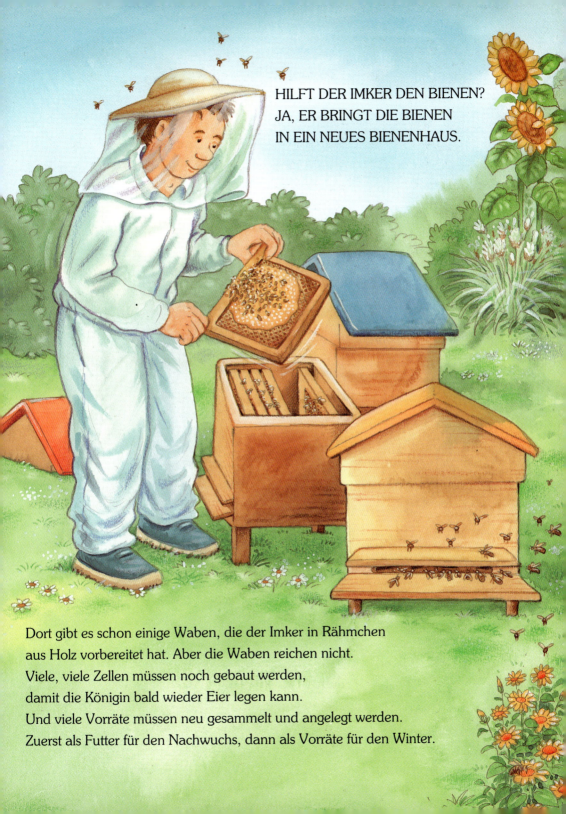

HILFT DER IMKER DEN BIENEN?
JA, ER BRINGT DIE BIENEN
IN EIN NEUES BIENENHAUS.

Dort gibt es schon einige Waben, die der Imker in Rähmchen
aus Holz vorbereitet hat. Aber die Waben reichen nicht.
Viele, viele Zellen müssen noch gebaut werden,
damit die Königin bald wieder Eier legen kann.
Und viele Vorräte müssen neu gesammelt und angelegt werden.
Zuerst als Futter für den Nachwuchs, dann als Vorräte für den Winter.

Wenn der Imker Honig holt

Der Sommer vergeht und es blühen kaum mehr
Blumen. Aber das macht nichts.
Die Bienen waren fleißig.
Sie haben genug Honig für den Winter gesammelt.

OH, ABER WAS PASSIERT DENN JETZT?
DER IMKER HOLT DOCH EINFACH
DEN HONIG MITSAMT DEN WABEN!

Das ist eine Aufregung im Stock! Nein, das lassen sich die Bienen
nicht gefallen. Sie versuchen, den Imker zu stechen.
Mutig geht auch die kleine Biene auf ihn los.
Aber der Imker hat einen Anzug an, an dem die Stacheln abprallen.
Auch trägt er Handschuhe und hat einen Schleier über dem Hut.
Der Rauch seiner Pfeife treibt die Bienen in den Bienenstock zurück.

MÜSSEN DIE BIENEN NUN IM WINTER HUNGERN? ABER NEIN! DER IMKER TAUSCHT DEN HONIG GEGEN ZUCKERSIRUP.

Der ist für die Bienen genauso gut wie Honig. Der Imker will ja, dass sich die Bienen bei ihm wohlfühlen.

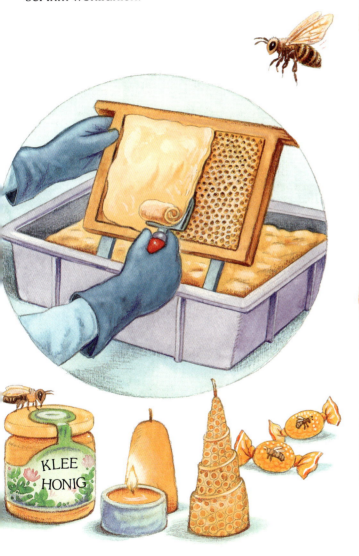

Wie kommt der Honig ins Glas?

Bienen, die noch auf den Waben sitzen, fegt der Imker vorsichtig mit einem Besen ab.

Mit einem besonderen Messer wird der Wachsdeckel abgeschabt.

Die Waben kommen in die Trommel der Honigschleuder. Die sieht aus wie die Trommel einer Waschmaschine. Die Honigschleuder dreht sich und durch den Schwung fließt der Honig in einen Eimer.
Der Imker füllt den Honig in Gläser.

Winterruhe im Bienenstock

Schon fällt der erste Schnee. Die Bienen halten Winterruhe.
Wie eine Traube versammeln sie sich um die Königin,
damit sie es warm hat und gesund bleibt. Alles ist still.
Der Imker hat dafür gesorgt, dass das Bienenhaus fest verschlossen ist
und keine Maus hineinschlüpfen kann. Denn Mäuse nagen im Winter
gern an Waben und stören die Bienen.

IST ES DENN WIRKLICH
NICHT ZU KALT IM BIENENSTOCK?
NEIN, DIE BIENEN SORGEN DAFÜR, DASS ES WARM GENUG BLEIBT.

Die Bienen, die außen an der Traube sitzen, wedeln mit den Flügeln.
Das erzeugt Wärme. Wenn sie zu müde werden, lösen andere Bienen sie ab.
Alle Bienen arbeiten zusammen, damit das Bienenvolk den Winter gut übersteht.
Gemeinsam gelingt alles!

Hallo, liebe Bienenfreundin, lieber Bienenfreund,

nun weißt du schon viel über die Biene. Es gibt aber noch mehr Interessantes zu erfahren. Die Biene ist ein Insekt. Insekten erkennst du an ihren sechs Beinen. Schau dir an, wie der Körper der Biene aufgebaut ist:

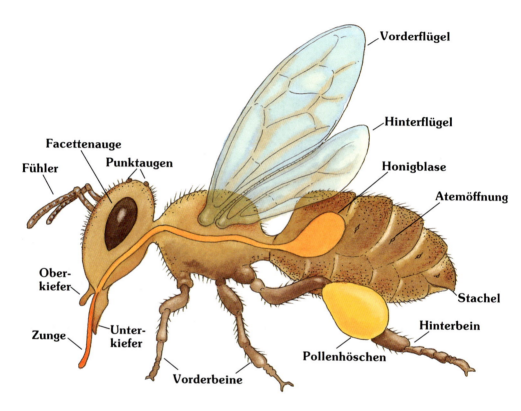

Wie lange leben Bienen?

Die Bienenkönigin kann drei bis vier Jahre alt werden. Anders ist es bei den Arbeiterinnen. Weil sie so viel hin- und herfliegen müssen, sind ihre Flügel bald abgenutzt. Wenn sie sich im Winter ausruhen können, leben sie länger.

Was geschieht im Bienenvolk?

Viele Tausend Bienen leben mit ihrer Königin in einem Bienenvolk.
Jede einzelne Biene hat ihre Aufgabe: Zellen putzen, Larven füttern,
Waben bauen, Nektar und Pollen sammeln, Feinde verjagen.
Alle helfen mit, damit die Gemeinschaft gut funktioniert.

Warum sind Bienenwaben sechseckig?

Die Waben bestehen aus sechseckigen Wachszellen. Diese Form haben die Bienen so ausgetüftelt, damit keine Zwischenräume entstehen, also jeder Millimeter Platz genutzt werden kann.

Wozu brauchen die Pflanzen Bienen?

Manche Pflanzen werden vom Wind bestäubt,
aber viele brauchen Bienen, um sich zu vermehren.
Die Biene trägt den Pollen von Blüte zu Blüte und bestäubt
so die Pflanzen. Ohne sie würden diese Pflanzen aussterben.
Als Belohnung für die Bestäubung erhalten die Bienen den Nektar.

Warum melken Bienen Blattläuse?

Blattläuse saugen den Pflanzensaft aus jungen Blättern und Tannennadeln und scheiden dann Tröpfchen aus, die man Honigtau nennt.
Den sammeln die Bienen.
Aus dem Honigtau wird Waldhonig.

Warum stechen Bienen?

Bienen stechen nur, wenn ihnen Gefahr droht.
Wenn sie ihren Stachel verlieren, sterben sie.
Wer gestochen wurde, muss den Stachel herausziehen lassen.
Bei einem Stich in den Mund sollte man gleich zum Arzt gehen.

Wer ist mit der Biene verwandt?

Bienen gehören zur großen Familie der sogenannten Stechimmen.
Damit sind sie zum Beispiel auch mit Hornissen,
Wespen und Hummeln verwandt.
Hummeln leben übrigens sehr ähnlich wie Bienen.
Auch bei ihnen gibt es eine Königin,
Arbeitsbienen und Drohnen.
Allerdings ist ein Hummelvolk sehr viel kleiner
als ein Bienenvolk.

Rekorde in der Bienenwelt

In einem Bienenstock leben bis zu sechzigtausend Bienen. Das sind so viele, wie ein großes Fußballstadion Menschen fasst. Im Stock leben neben den vielen Arbeiterinnen Hunderte männlicher Drohnen und die Königin. Da eine Biene meist nur ein kurzes Leben hat, müssen jeden Tag mehr als tausend junge Bienen aus den Waben schlüpfen.

Die Bienenkönigin legt pro Tag mehr als 1500 Eier. Die wiegen zusammen mehr als sie selbst.

Jede Larve wird von den Arbeitsbienen zwei- bis dreitausendmal besucht und gefüttert, bis sie sich verpuppt.

Bienen fliegen pro Tag viele Kilometer hin und her, um Nektar zu suchen.

Für ein Glas Honig müssen dreißigtausend Bienen arbeiten. Gut, dass es so viele Bienen gibt.

Mehr über Bienen erfährst du beim deutschen Imkerbund:
Deutscher Imkerbund
Haus des Imkers
Villiper Hauptstraße 3
53343 Wachtberg
Telefon: 0228-932920
www.deutscherimkerbund.de

Außerdem gibt es überall örtliche Imkervereine, die auch Führungen für Kinder und Erwachsene anbieten.

Friederun Reichenstetter • Hans-Günther Döring

Der kleine Maulwurf und die Tiere unter der Erde
Eine Geschichte mit vielen Sachinformationen

Unter der Erde leben viele interessante Tiere. Leider bekommen wir sie selten zu Gesicht. Was fressen sie? Wie finden sie ihre Partner? Wie ziehen sie ihre Jungen auf? Dieses attraktive Tierbuch entführt in eine fremde Welt und erzählt lebendig und unterhaltsam, was Maulwurf, Feldhamster, Kaninchen, Erdhummel und Co. zu etwas ganz Besonderem macht.

32 Seiten
Gebunden • Mit Audio-CD
ISBN 978-3-401-09937-8
www.arena-verlag.de

Friederun Reichenstetter • Hans-Günther Döring

Der kleine Biber und die Tiere am Fluss
Eine Geschichte mit vielen Sachinformationen

Am Fluss kann man so viele Tiere beobachten: Den putzigen Biber, der Bäume fällen kann oder die kleine Wasserspinne, die ihr Netz unter Wasser baut. Auch einen räuberischen Hecht sieht man dann und wann oder den schillernden Eisvogel. In kurzen Geschichten und in naturgetreuen, aber dennoch kindgerechten Illustrationen werden 13 heimische Flusstiere anschaulich und lebendig vorgestellt.

32 Seiten
Gebunden • Mit Audio-CD
ISBN 978-3-401-09858-6
www.arena-verlag.de

Friederun Reichenstetter / Hans-Günther Döring

Der kleine Frosch und seine Freunde
Von der Ameise bis zum Schmetterling

Es ist schwer zu verstehen, dass manche Tiere erst so und später dann ganz anders aussehen: Die Kaulquappe wird zum Frosch, die kleine Raupe wird zum prächtigen Tagpfauenauge ... In kurzen emotionalen Geschichten werden 13 heimische Tiere vorgestellt, die verschiedene Entwicklungsstadien durchlaufen: Alle Kinder werden diese Tiere lieben und in der Schule dann schon viel über sie wissen.

32 Seiten
Gebunden • Mit Audio-CD
ISBN 978-3-401-09856-2
www.arena-verlag.de

Sandra Grimm • Hildegard Müller

Abends, wenn der Sandmann kommt
101 Einschlafideen mit Geschichten, Liedern und Gedichten

Abend ist's und Schlafenszeit? Jetzt werden viele Kinder noch einmal richtig munter! Doch die 101 außergewöhnlichen Vorlesetexte rund ums Aufräumen, Waschen, Kuscheln, Zuhören, Entspannen, Einschlafen und Träumen lassen die kleinen Wirbelwinde langsam zur Ruhe kommen. Und ihre Eltern werden die 101 Tipps für quengelfreie und ganz besondere Zu-Bett-Geh-Rituale sicherlich sehr zu schätzen wissen!

88 Seiten • Kartoniert
ISBN 978-3-401-50331-8
www.arena-verlag.de

Ulrike Kaup • Susa Apenrade • Marte Bomborn

Traumwunschreisen für dich
Zauberhafte Gutenachtgeschichten

Mara macht sich Sorgen, dass Benni ohne seinen Kuschelhasen, den er bei ihr vergessen hat, nicht schlafen kann und begibt sich auf eine wundersame Reise durch die Nacht. Wölfchen trifft im Traum das Mondschaf, das viele kluge Dinge zu erzählen hat. Und Louise will nicht so recht einschlafen. Doch nachdem ihr der Kuschelmond seine Geschichte erzählt, macht auch sie sich auf ins Land der Träume.

88 Seiten • Kartoniert
ISBN 978-3-401-50294-6
www.arena-verlag.de